TRABAJADORES DE NUESTRA COMUNIDAD

TRABAJADORES DE LA CONSTRUCCIÓN

CHRISTINE HONDERS

TRADUCIDO POR ROSSANA ZÚÑIGA

New York

Published in 2020 by The Rosen Publishing Group, Inc.
29 East 21st Street, New York, NY 10010

Copyright © 2020 by The Rosen Publishing Group, Inc.

All rights reserved. No part of this book may be reproduced in any form without permission in writing from the publisher, except by a reviewer.

First Edition

Translator: Rossana Zúñiga
Spanish Editor: Alberto Jiménez
Editor: Greg Roza
Book Design: Reann Nye

Photo Credits: Cover, p.1 Don Mason/Getty Images; pp. 4–22 Abstractor/Shutterstock.com; p. 5 Purit Lertsri/Shutterstock.com; p. 7 VanderWolf Images/Shutterstock.com; p. 9 LightField Studios/Shutterstock.com; p. 11 Stockr/Shutterstock.com; p. 13 Halfpoint/Shutterstock.com; p. 15 BraunS/E+/Getty Images; p. 17 kali9/E+/Getty Images; p. 19 antpkr/Shutterstock.com; p. 21 Hero Images/Getty Images; p. 22 kurhan/Shutterstock.com.

Library of Congress Cataloging-in-Publication Data

Names: Honders, Christine.
Title: Trabajadores de la construcción / Christine Honders.
Description: New York : PowerKids Press, 2020. | Series: Trabajadores de nuestra comunidad | Includes glossary and index.
Identifiers: ISBN 9781725312739 (pbk.) | ISBN 9781725312753 (library bound) | ISBN 9781725312746 (6 pack)
Subjects: LCSH: Construction workers–Juvenile literature.
Classification: LCC TH149.H66 2020 | DDC 624-dc23

Manufactured in the United States of America

CPSIA Compliance Information: Batch #CWPK20. For Further Information contact Rosen Publishing, New York, New York at 1-800-237-9932.

CONTENIDO

¿Quién puso eso ahí?. 4

¿Qué hace un obrero de la construcción? . .6

¡Hacen de todo!. 8

Habilidades especiales 10

Peligro en el trabajo. 12

Herramientas de construcción 14

¡La seguridad es lo primero! 16

Llueva o truene. 18

Trabajo en equipo .20

Construir mejores comunidades. 22

Glosario. 23

Índice 24

Sitios de Internet. .24

¿Quién puso eso ahí?

¿Qué ves cuando sales a caminar por tu ciudad? Hay edificios, hay avenidas…Tal vez una tienda o tu escuela esté al final de la calle. Hacemos uso de las vías públicas y los edificios a diario. Nos facilitan la vida. ¡Tenemos que agradecer a los obreros de la construcción que los levantaran!

¿Qué hace un obrero de la construcción?

Construcción es la acción de construir: realizar una obra, por ejemplo una casa. Los obreros de la construcción hacen y reparan carreteras, puentes, casas y otros edificios. Emplean materiales como arena y piedras para fabricar **concreto** (hormigón); usan acero, derivado del **hierro**, ¡un metal resistente que impide que los edificios se derrumben!

¡Hacen de todo!

Los obreros de la construcción realizan muchas tareas. Llevan materiales a la obra o los retiran de ella, montan **andamios** alrededor de los edificios para construirlos o arreglarlos. Algunos se encargan de la demolición de edificios y otros de excavar túneles para carreteras.

Habilidades especiales

Ciertos obreros de la construcción tienen habilidades especiales. Algunos vierten concreto para hacer la **cimentación** de edificios; los albañiles colocan ladrillos o bloques de piedra. Los trabajadores del metal preparan vigas de acero, los vidrieros cortan y encajan los cristales de las ventanas. Otros echan **asfalto** en calles y carreteras para darles un buen acabado.

Peligro en el trabajo

Los obreros de la construcción suelen enfrentarse a riesgos laborales.
A veces, derriban edificios viejos, trabajan en lo alto de rascacielos o excavan túneles. Otros se afanan por mantener la seguridad de
los edificios y retiran materiales peligrosos, como el **asbesto,** que resulta muy perjudicial cuando se respira.

Herramientas de construcción

Los obreros de la construcción usan herramientas manuales, como palas y martillos, y herramientas eléctricas, como martillos neumáticos ¡para romper el concreto! Tienen perforadoras especiales para hacer túneles. Conducen camiones y excavadoras para cavar y remover la tierra.

¡La seguridad es lo primero!

Los obreros de la construcción procuran evitar los accidentes; se ponen gafas, cascos, guantes y arneses de seguridad. También usan chalecos de colores llamativos para que la gente los vea de noche. Como ciertas herramientas son ruidosas, llevan tapones en los oídos para que el ruido no dañe sus tímpanos.

Llueva o truene

Nuestras comunidades necesitan continuamente nuevos edificios y carreteras. Los obreros de la construcción no pueden esperar a que llegue el buen tiempo. Trabajan con calor o con frío. No se detienen cuando llueve. No importa lo que ocurra fuera, ellos tienen tareas que terminar.

Trabajo en equipo

Las casas necesitan techos, luces, baños ¡y mucho más! Por esta razón, los obreros deben trabajar en equipo y ayudarse entre sí cuando sea necesario. Por ejemplo, instalan y arreglan herramientas o recogen todo cuando terminan de trabajar.

Construir mejores comunidades

Debemos mucho a los trabajadores de la construcción. Hacen que nuestros edificios sean seguros, arreglan vías que nos llevan de un lugar a otro, son la razón por la cual tenemos una casa a donde ir por la noche. ¡Los obreros de la construcción hacen de nuestra comunidad un excelente lugar para vivir!

GLOSARIO

andamio: armazón con plataformas donde se apoyan los obreros mientras trabajan.

asbesto: material que no arde pero es perjudicial para la salud.

asfalto: sustancia de color negro que sirve para pavimentar carreteras.

cimentación: base sobre la cual se construye una casa.

concreto: material duro y fuerte que se elabora mezclando cemento, arena, grava (piedra machacada) y agua.

hierro: metal pesado, negro o gris, que se encuentra en muchas rocas.

ÍNDICE

A
acero, 6, 10
albañil, 10
andamio, 8, 23
asbesto, 12, 23
asfalto, 10, 23

C
cimentación, 10, 23
concreto (hormigón), 6, 10, 14, 23

H
herramientas, 14, 16, 20
hierro, 6, 23

M
martillo, 14
martillo neumático, 14

P
palas, 14

T
túneles, 8, 12, 14

V
vidrieros, 10

SITIOS DE INTERNET

Debido a que los enlaces de Internet cambian constantemente, PowerKids Press ha creado una lista de sitios de Internet relacionados con el tema de este libro. Este sitio se actualiza con regularidad. Por favor, utiliza este enlace para acceder a la lista:
www.powerkidslinks.com/HIOC/construction